Impressum
Verlag: BABADADA GmbH, Nedderfeld 112 , 22529 Hamburg
Geschäftsführer / Verlagsleitung: Harald Hof
Druck: Books on Demand GmbH, In de Tarpen 42, 22848 Norderstedt

Imprint
Publisher: BABADADA GmbH, Nedderfeld 112 , 22529 Hamburg, Germany
Managing Director / Publishing direction: Harald Hof
Print: Books on Demand GmbH, In de Tarpen 42, 22848 Norderstedt

школа
colegio

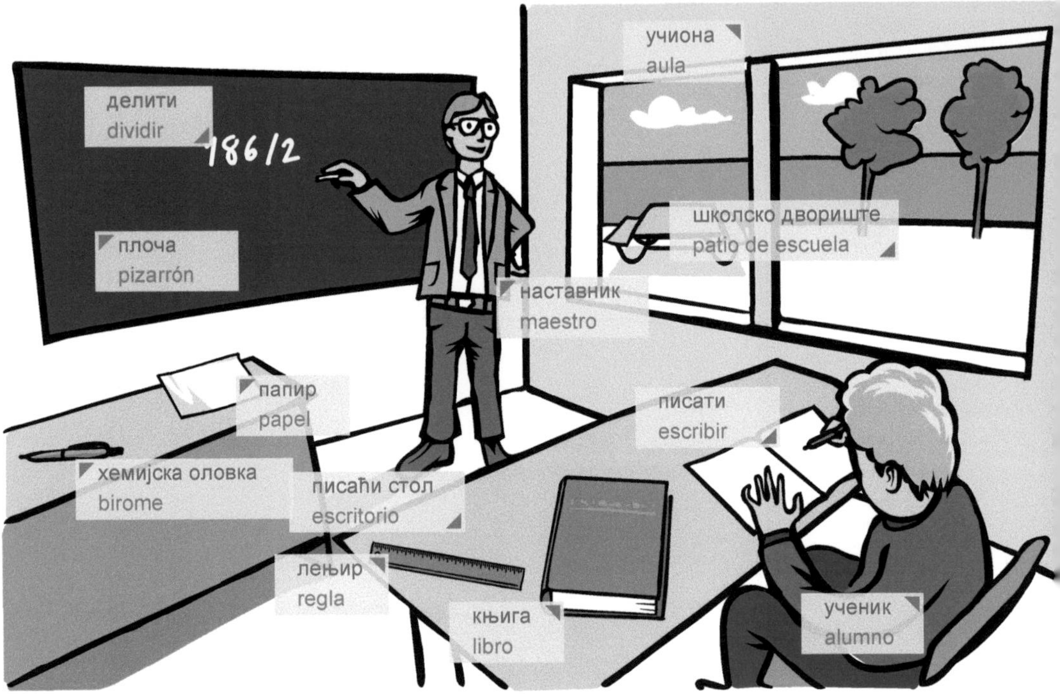

учиона
aula
делити
dividir
186/2
плоча
pizarrón
школско двориште
patio de escuela
наставник
maestro
папир
papel
писати
escribir
хемијска оловка
birome
писаћи стол
escritorio
лењир
regla
књига
libro
ученик
alumno

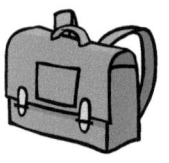

торба

mochila

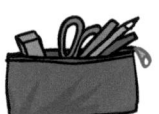

перница

caja de lápices

графитна оловка

lápiz

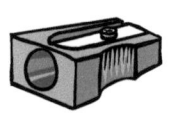

шиљило за оловке

sacapuntas

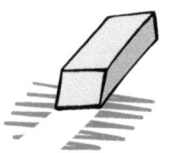

гумица за брисање

goma (de borrar)

блок за цртање

bloc de dibujo

цртеж

dibujo

кист

pincel

кутија са бојама

caja de pinturas

маказе

tijera

лепило

pegamento

бележница

cuaderno de ejercicios

домаћи задатак

tarea

број

número

сабирати

sumar

одузимати

restar

множити

multiplicar

рачунати

calcular

слово

letra

абецеда

abecedario

реч

palabra

текст

texto

читати

leer

креда

tiza

час

lección

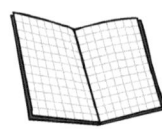

дневник

cuaderno de clase

испит

examen

сведочанство

certificado

школска униформа

uniforme escolar

образовање

educación

лексикон

enciclopedia

универзитет

universidad

микроскоп

microscopio

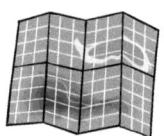

карта

mapa

кошара за папир

tacho (de basura)

путовање

viaje

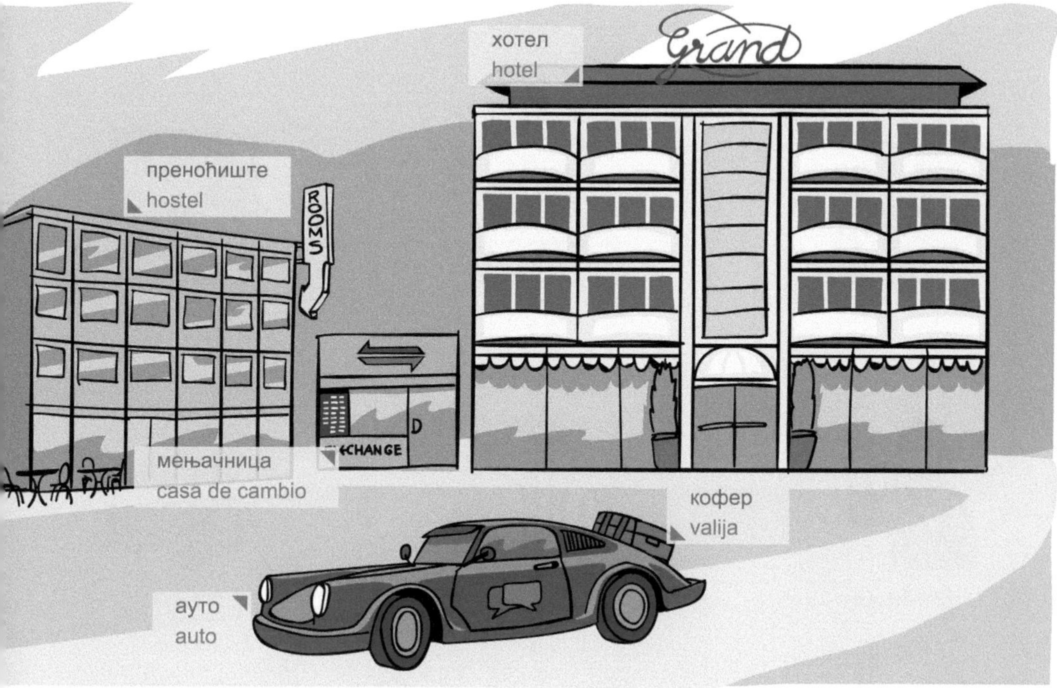

хотел
hotel
Grand
преноћиште
hostel
ROOMS
мењачница
casa de cambio
кофер
valija
ауто
auto

језик

idioma

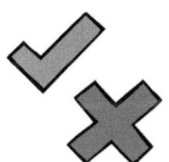

да / не

sí / no

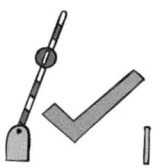

океј

Está bien

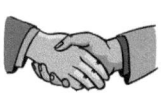

здраво

hola

преводилац

traductor

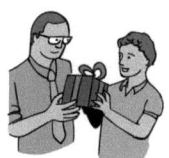

хвала

Gracias

Колико кошта…?

¿cuánto cuesta…?

не разумем

No entiendo

проблем

problema

добро вече!

¡Buenas tardes!

Добро јутро!

¡Buenos días!

Лаку ноћ!

¡Buenas noches!

довиђења

adiós

смер

dirección

пртљага

equipaje

торба

bolso

руксак

mochila

гост

invitado

соба

habitación

врећа за спавање

bolsa de dormir

шатор

carpa

туристичке информације

información turística

плажа

playa

кредитна картица

tarjeta de crédito

доручак

desayuno

ручак

almuerzo

вечера

cena

карта за вожњу

pasaje

лифт

ascensor

поштанска маркица

sello

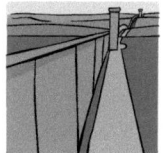

граница

frontera

царина

aduana

амбасада

embajada

виза

visa

пасош

pasaporte

транспорт
transporte

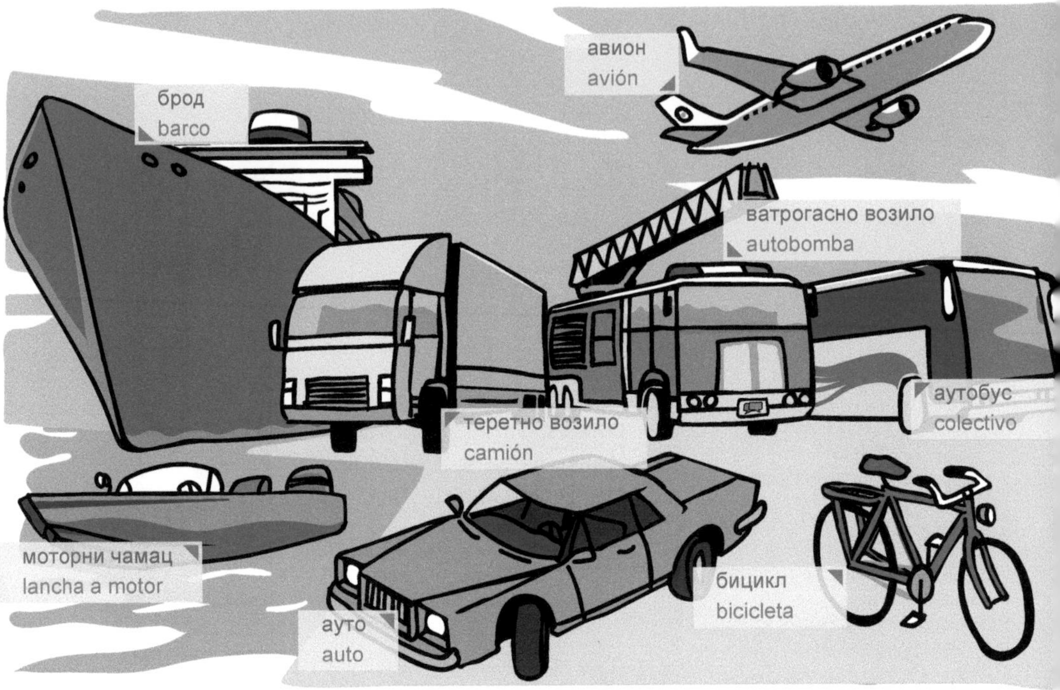
авион
avión
брод
barco
ватрогасно возило
autobomba
аутобус
colectivo
теретно возило
camión
моторни чамац
lancha a motor
бицикл
bicicleta
ауто
auto

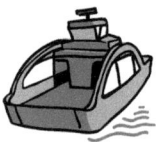

трајект

ferry

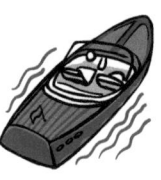

чамац

bote

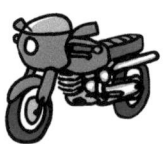

мотоцикл

moto

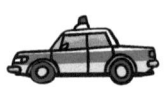

полицијски ауто

patrullero

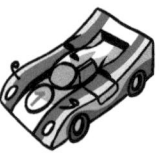

тркаћи ауто

auto de carreras

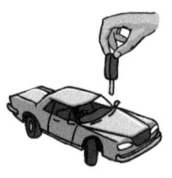

изнајмљено ауто

auto de alquiler

дељење аутомобила

alquiler de autos

вучно возило

grúa

возило за одвоз смећа

camión de basura

мотор

motor

бензин

nafta

бензинска станица

estación de servicio

саобраћајни знак

señal de tránsito

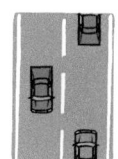

саобраћај

tránsito

застој

embotellamiento

паркиралиште

estacionamiento

железничка станица

estación de tren

шине

vías

воз

tren

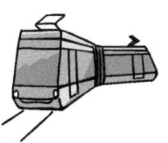

трамвај

tranvía

вагон

vagón

хеликоптер

helicóptero

аеродром

aeropuerto

кула

torre

путник

pasajero

контејнер

contenedor

картон

caja de cartón

колица

carretilla

корпа

canasta

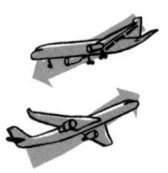

узлетети / слетети

despegar / aterrizar

град

ciudad

село

pueblo

центар града

centro de ciudad

кућа

casa

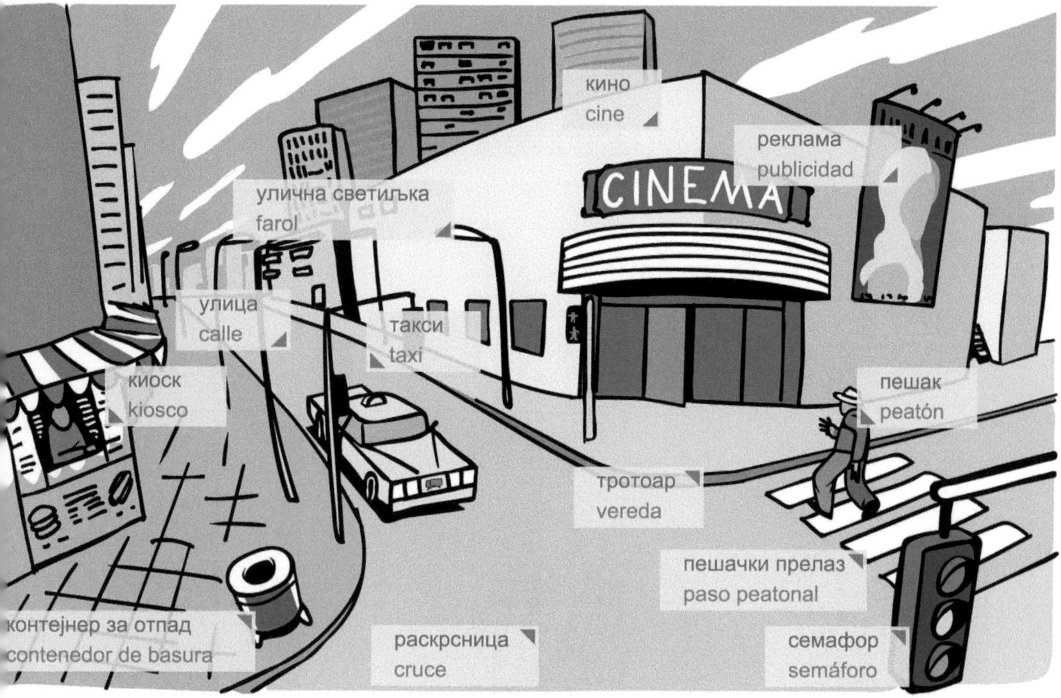

кино / cine

реклама / publicidad

улична светиљка / farol

CINEMA

улица / calle

такси / taxi

киоск / kiosco

пешак / peatón

тротоар / vereda

пешачки прелаз / paso peatonal

контејнер за отпад / contenedor de basura

раскрсница / cruce

семафор / semáforo

колиба

cabaña

стан

departamento

железничка станица

estación de tren

већница

municipalidad

музеј

museo

школа

colegio

универзитет

universidad

банка

banco

болница

hospital

хотел

hotel

апотека

farmacia

канцеларија

oficina

књижара

librería

продавница

negocio

цвећара

florería

супермаркет

supermercado

трг

mercado

робна кућа

grandes tiendas

рибарница

pescadería

трговачки центар

centro comercial

лука

puerto

парк

parque

клупа

banco

мост

puente

степенице

escaleras

подземна железница

subte

тунел

túnel

аутобуска станица

parada del colectivo

бар

bar

ресторан

restaurante

поштанско сандуче

buzón

улични знак

letrero

паркирни аутомат

parquímetro

зоолошки врт

zoológico

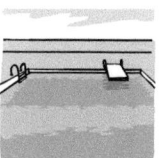

базен

pileta

џамија

mezquita

сеоско газдинство

granja

загађење околине

contaminación

гробље

cementerio

црква

iglesia

игралиште

juegos infantiles

храм

templo

пејсаж
paisaje

лист
hoja

путоказ
poste indicador

пут
camino

ливада
pradera

камен
piedra

дрво
árbol

шетач
excursionista

река
río

трава
hierba

цвет
flor

долина
valle

планина
montaña

језеро
lago

шума
bosque

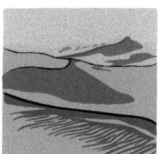

пустиња
desierto

вулкан
volcán

дворац
castillo

дуга
arco iris

гљива
champiñón

палма
palmera

москито
mosquito

мува
mosca

мрав
hormiga

пчела
abeja

паук
araña

буба

escarabajo

жаба

rana

веверица

ardilla

јеж

erizo

зец

liebre

сова

lechuza

птица

pájaro

лабуд

cisne

дивља свиња

jabalí

јелен

ciervo

лос

alce

насип

presa

ветрењача

aerogenerador

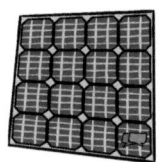

соларна плоча

panel solar

клима

clima

ресторан
restaurante

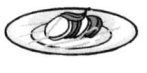

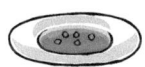

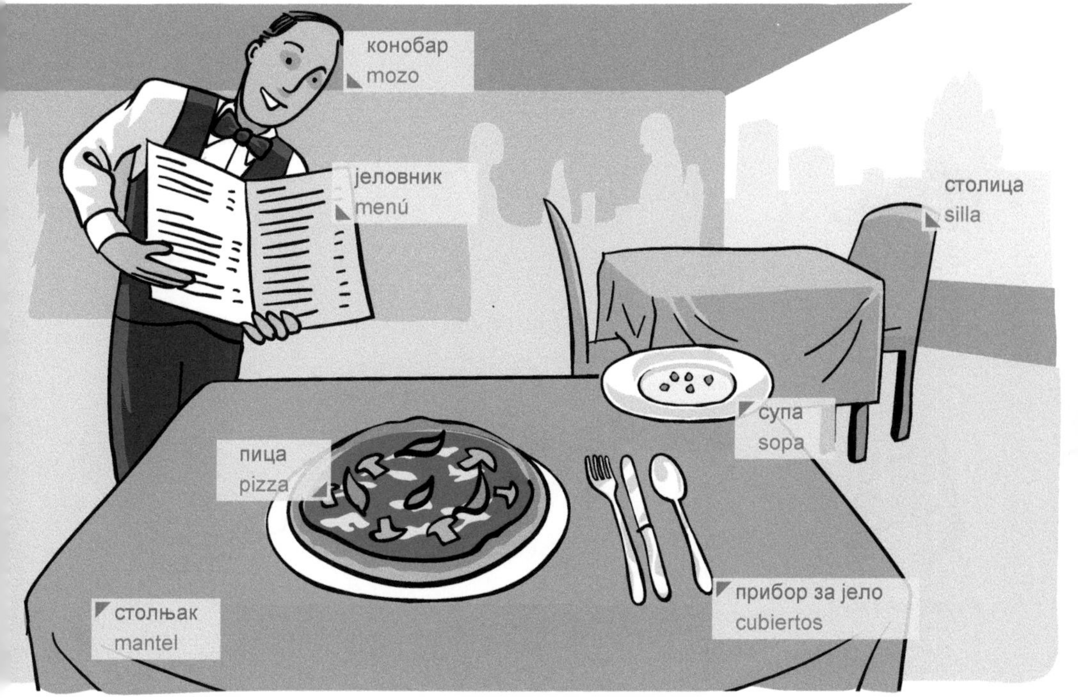

конобар
mozo
јеловник
menú
столица
silla
супа
sopa
пица
pizza
прибор за јело
cubiertos
столњак
mantel

предјело

entrada

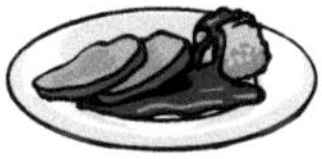

главно јело

plato principal

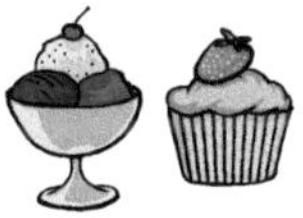

десерт

postre

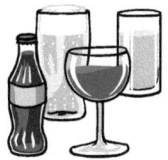

напитци

bebidas

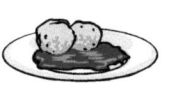

јело

comida

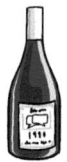

флаша

botella

брза храна

comida rápida

имбис храна

comida callejera

чајник

tetera

доза за шећер

azucarera

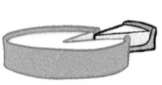

порција

porción

апарат за еспресо

cafetera expreso

висока столица

sillita alta

рачун

cuenta

послужавник

bandeja

нож

cuchillo

виљушка

tenedor

кашика

cuchara

чајна кашика

cucharita

салвета

servilleta

чаша

vaso

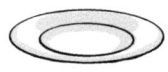

тањир

plato

тањир за супу

plato hondo

тањирић

plato

сос

salsa

сољенка

salero

млин за бибер

molinillo de pimienta

сирће

vinagre

уље

aceite

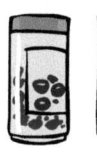

зачини

especias

кечап

kétchup

сенф

mostaza

мајонеза

mayonesa

супермаркет

supermercado

понуда
oferta especial
FOR
купац
cliente
млечни производи
lácteos
воће
fruta
колица за куповину
changuito

BUTCHERS

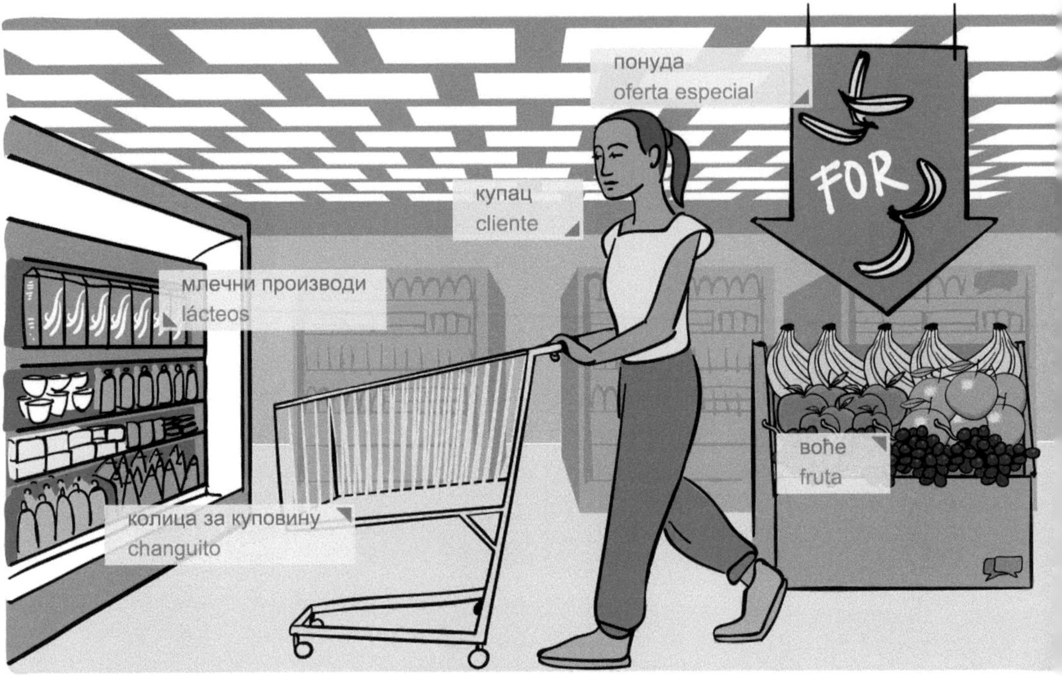

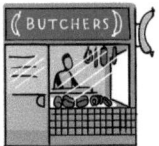

месница

carnicería

BAKERY

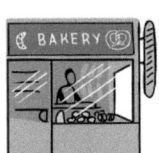

пекара

panadería

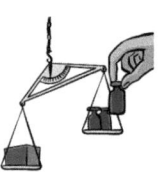

вагати

pesar

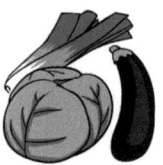

поврће

verduras

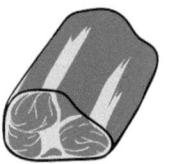

месо

carne

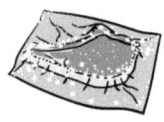

смрзнута храна

alimentos congelados

нарезак

fiambres

конзерве

alimentos enlatados

средство за прање

detergente en polvo

слаткиши

golosinas

артикли за домаћинство

electrodomésticos

средства за чишћење

productos de limpieza

продавачица

vendedora

благајна

caja

благајник

cajero

листа за куповину

lista de compras

време рада

horario de atención

новчаник

billetera

кредитна картица

tarjeta de crédito

торба

cartera

пластична кеса

bolsa de plástico

вода

agua

сок

jugo

млеко

leche

кола

bebida cola

вино

vino

пиво

cerveza

алкохол

alcohol

какао

cacao

чај

té

кава

café

еспресо

café expreso

капућино

cappuccino

банана

banana

jабука

manzana

наранџа

naranja

лубеница

melón

лимун

limón

шаргарепа

zanahoria

бели лук

ajo

бамбус

bambú

лук

cebolla

гљива

champiñón

орашасти плодови

nueces

резанци

fideos

шпагете

tallarines

рижа

arroz

салата

ensalada

помфрит

papas fritas

печени крумпир

papas fritas

пица

pizza

хамбургер

hamburguesa

сендвич

sándwich

шницла

churrasco

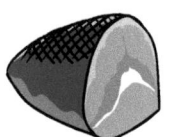

шунка

jamón

салама

salame

кобасица

salchicha

кокош

pollo

печење

asado

риба

pescado

зобене пахуљице

copos de avena

мусли

muesli

кукурузне пахуљице

copos de maíz

брашно

harina

кроасан

medialuna

пециво

pancito

хлеб

pan

тоаст

tostada

кекси

galletitas

маслац

manteca

свежи сир

cuajada

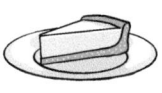

колач

torta

jaje

huevo

jaje на око

huevo frito

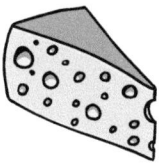

сир

queso

сладолед

helado

шећер

azúcar

мед

miel

мармелада

mermelada

нугат крема

pasta de chocolate

кари

curry

сеоско газдинство
granja

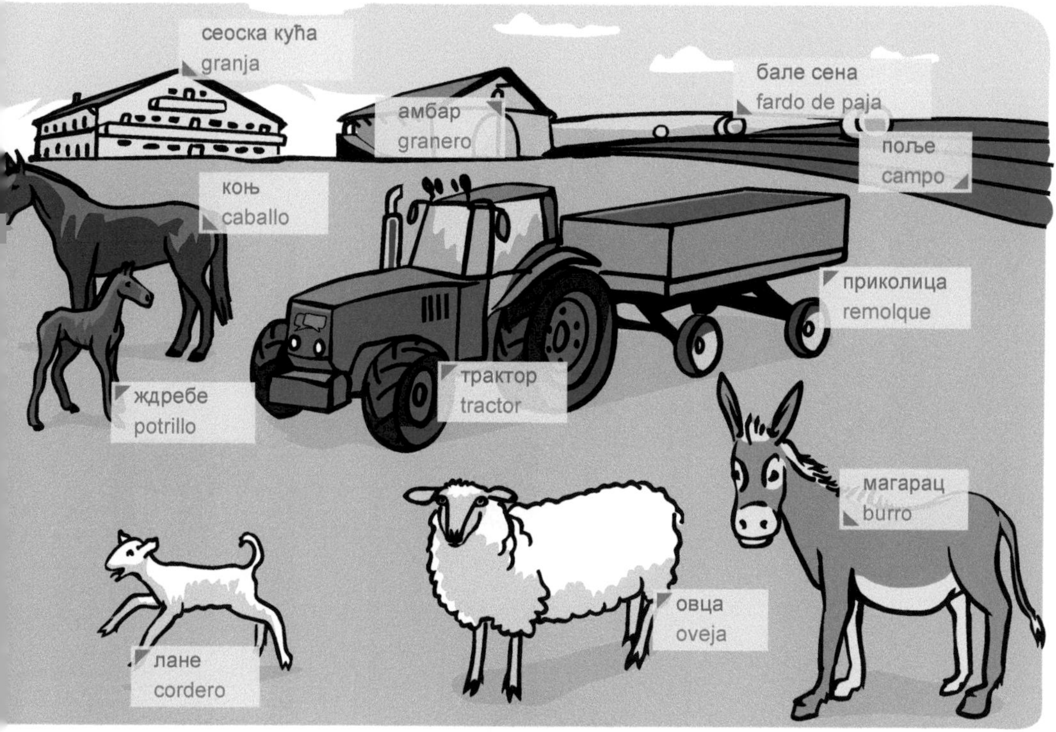
сеоска кућа
granja
амбар
granero
бале сена
fardo de paja
поље
campo
коњ
caballo
приколица
remolque
трактор
tractor
ждребе
potrillo
магарац
burro
овца
oveja
лане
cordero

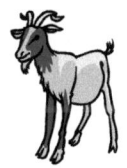

коза

cabra

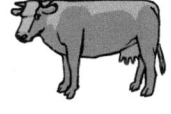

крава

vaca

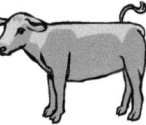

теле

ternero

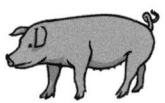

свиња

cerdo

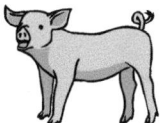

прасе

lechón

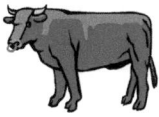

бик

toro

гуска

ganso

патка

pato

пилићи

pollo

кокош

gallina

петао

gallo

пацов

rata

мачка

gato

миш

ratón

вол

buey

пас

perro

кућица за пса

cucha

вртно црево

manguera

канта за поливање

regadera

коса

guadaña

плуг

arado

срп

hoz

мотика

azada

виљушка за ђубриво

horquilla

секира

hacha

тачке

carretilla

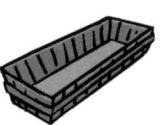

корито

abrevadero

посуда за млеко

lechera

врећа

bolsa

ограда

reja

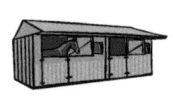

штала

establo

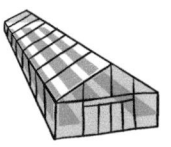

стакленик

invernadero

земља

suelo

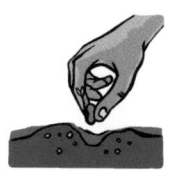

семе

semilla

ђубриво

fertilizador

комбајн

cosechadora

жети

cosechar

жетва

cosecha

јамс зачин

batatas

пшеница

trigo

соја

soja

крумпир

papa

кукуруз

maíz

уљана репица

semilla de colza

воћка

árbol frutal

гомољ маниоке

mandioca

житарице

cereales

куħа

casa

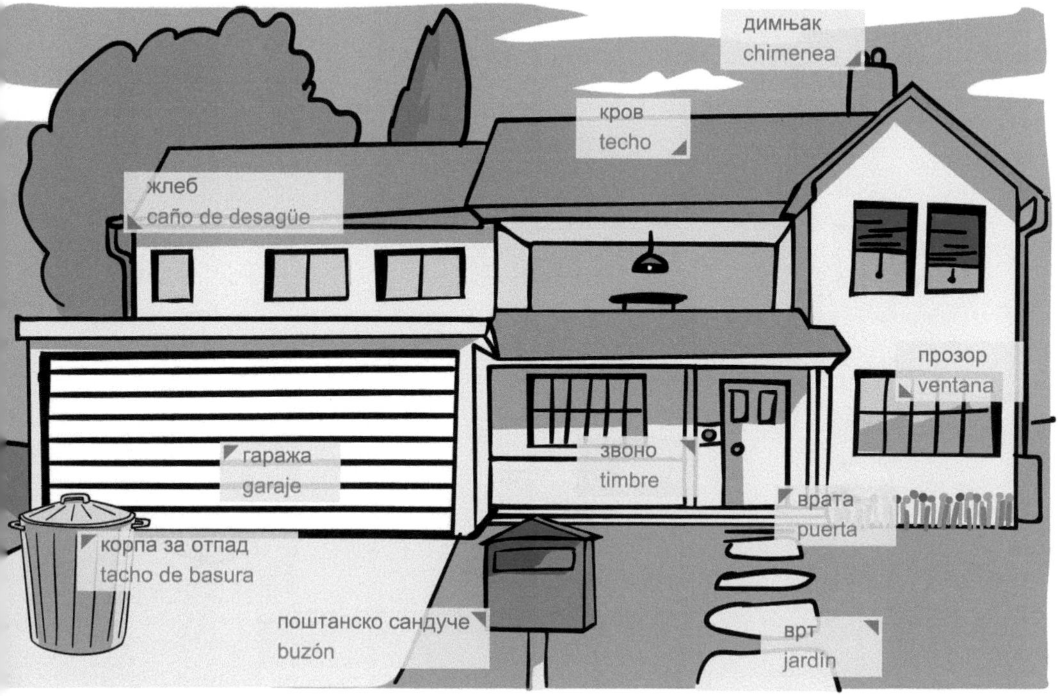

димњак
chimenea
кров
techo
жлеб
caño de desagüe
прозор
ventana
гаража
garaje
звоно
timbre
врата
puerta
корпа за отпад
tacho de basura
поштанско сандуче
buzón
врт
jardín

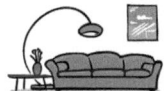

дневна соба

living

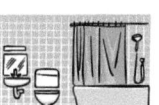

купаоница

baño

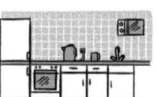

кухиња

cocina

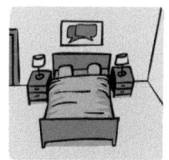

спаваћа соба

dormitorio

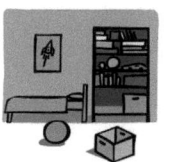

дечија соба

cuarto de los chicos

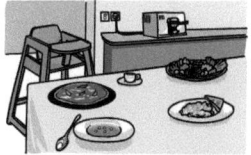

трпезарија

comedor

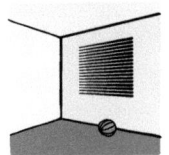

под

piso

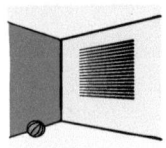

зид

pared

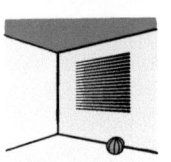

строп

cielorraso

подрум

sótano

сауна

sauna

балкон

balcón

тераса

terraza

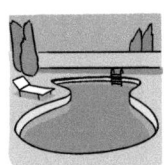

базен

pileta

косилица за траву

cortadora de pasto

постељина за кревет

sábana

дека за кревет

acolchado

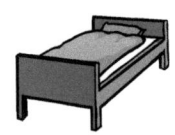

кревет

cama

метла

escoba

канта

balde

прекидач

interruptor

дневна соба
living

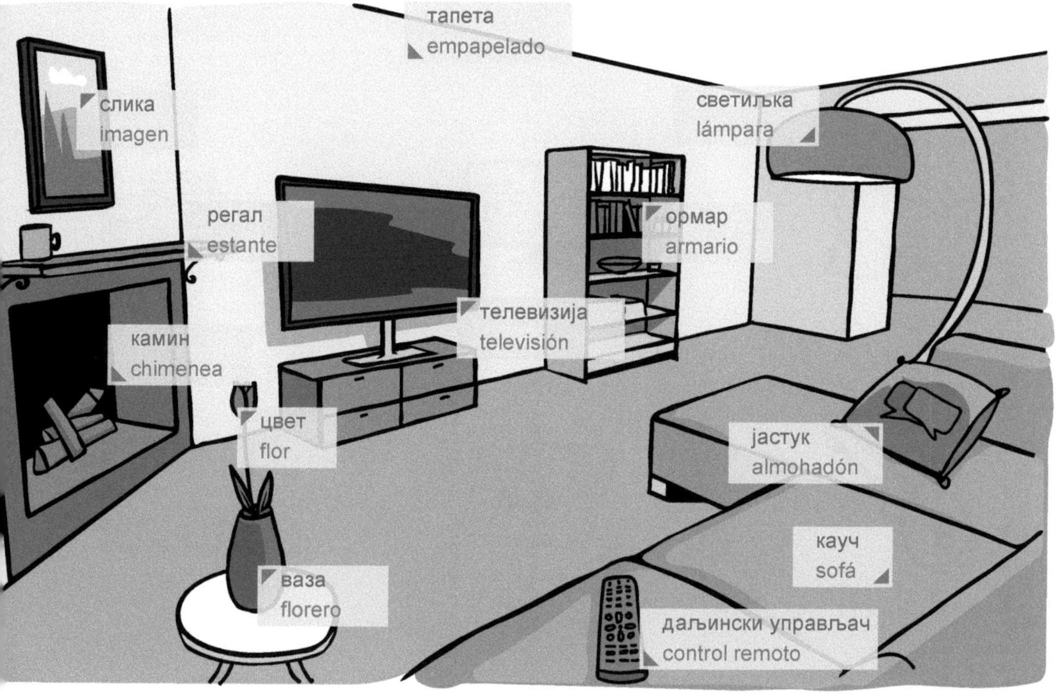

тапета
empapelado
слика
imagen
светиљка
lámpara
регал
estante
ормар
armario
телевизија
televisión
камин
chimenea
цвет
flor
јастук
almohadón
кауч
sofá
ваза
florero
даљински управљач
control remoto

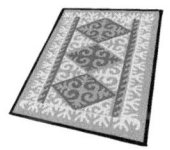

тепих

alfombra

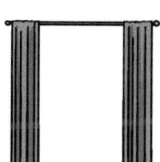

завеса

cortina

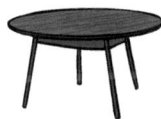

сто

mesa

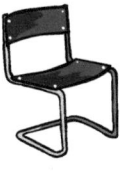

столица

silla

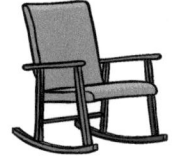

столица за њихање

mecedora

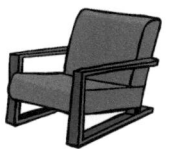

фотеља

sillón

књига

libro

дека

frazada

декорација

decoración

дрво за огрев

leña

филм

película

хи-фи уређај

equipo de música

кључ

llave

новине

diario

слика на платну

pintura

постер

póster

радио

radio

блок за писање

cuaderno

усисивач

aspiradora

кактус

cactus

свећа

vela

кухиња
cocina

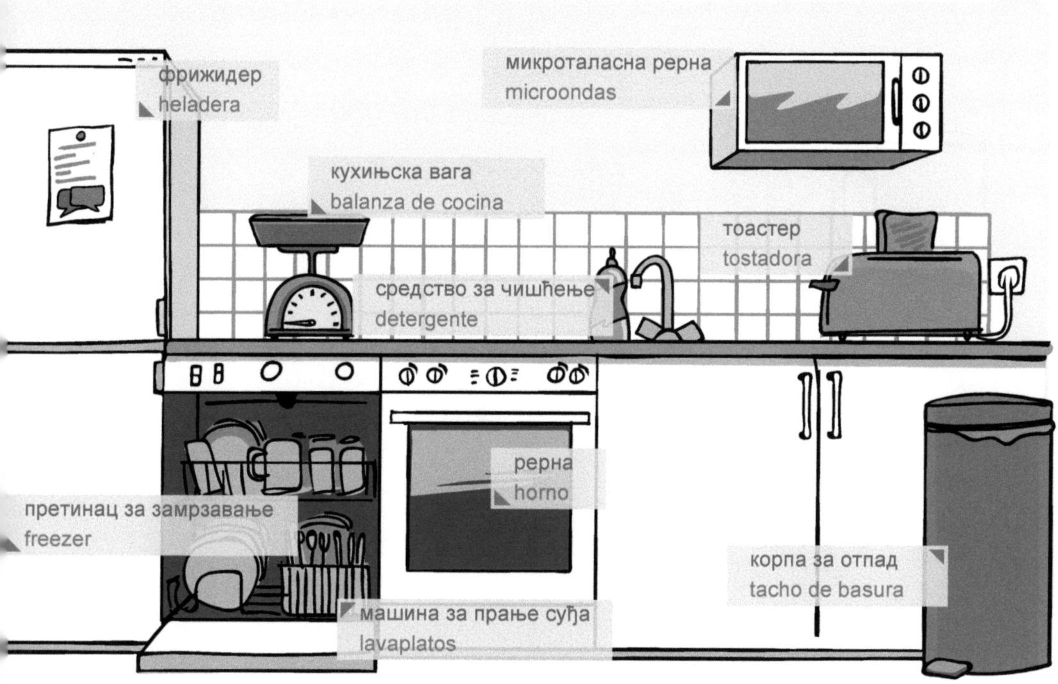

фрижидер
heladera
микроталасна рерна
microondas
кухињска вага
balanza de cocina
тоастер
tostadora
средство за чишћење
detergente
рерна
horno
претинац за замрзавање
freezer
корпа за отпад
tacho de basura
машина за прање суђа
lavaplatos

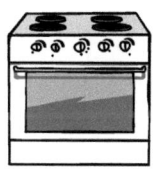

шпорет

cocina

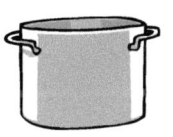

лонац

olla

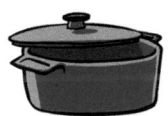

гвоздени лонац

olla de hierro fundido

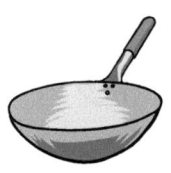

вок / кадаи

wok

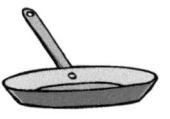

тава

sartén

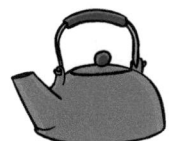

кувало за воду

pava

кувало на пару

vaporera

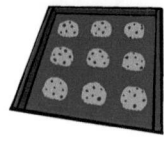

лим за печење

bandeja de horno

посуђе

vajilla

чаша

taza

посуда

bol

штапићи за јело

palitos

кутлача

cucharón

лопатица

estpátula

пењача

batidora

сито за кување

colador

сито

colador

рибеж

rallador

мужар

mortero

роштиљ

parrilla

огњиште

fogata

даска

tabla de picar

оклагија

palo de amasar

вадичеп

sacacorchos

конзерва

lata

отварач конзерви

abrelatas

крпа за лонац

manopla

судопер

pileta

четка

cepillo

сунђер

esponja

миксер

batidora

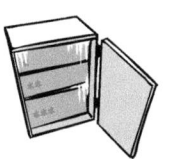

замрзивач

congelador

флашица за бебе

mamadera

славина за воду

canilla

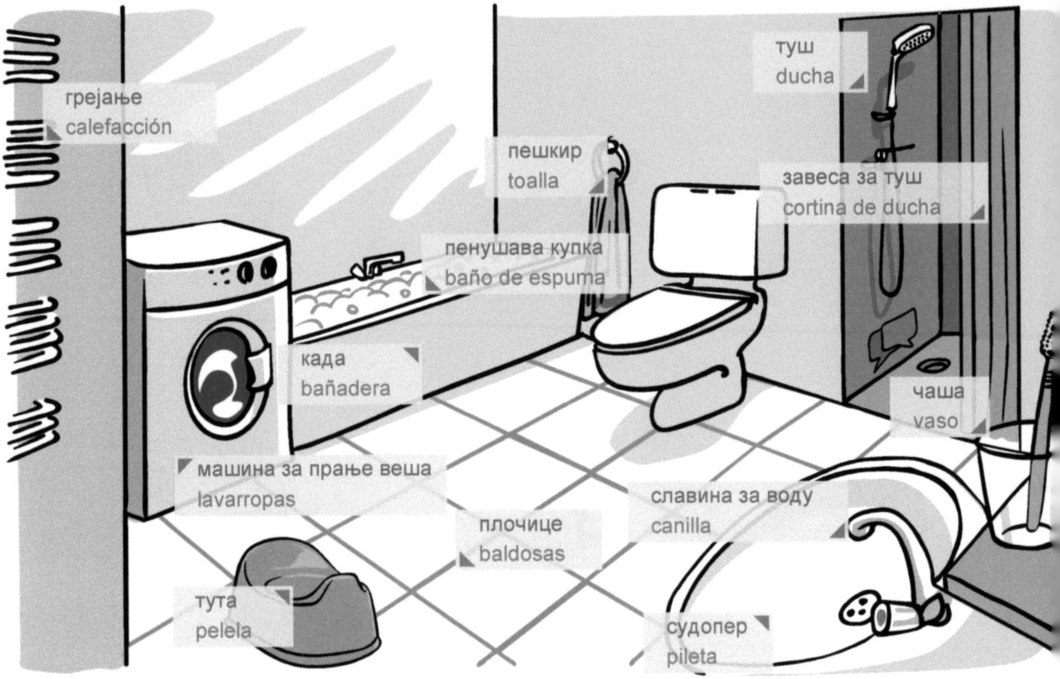

baño

грејање
calefacción

туш
ducha

пешкир
toalla

завеса за туш
cortina de ducha

пенушава купка
baño de espuma

када
bañadera

чаша
vaso

машина за прање веша
lavarropas

плочице
baldosas

славина за воду
canilla

тута
pelela

судопер
pileta

тоалет

inodoro

чучавац

letrina

бидет

bidé

писоар

mingitorio

тоалетни папир

papel higiénico

четка за тоалет

cepillo para el inodoro

четкица за зубе

cepillo de dientes

паста за зубе

dentífrico

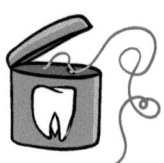

конац за зубе

hilo dental

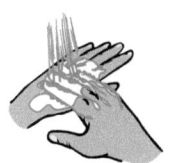

прати

lavar

туш ручица

ducha de mano

туш за прање интимних делова

ducha higiénica

лавор

palangana

четка за прање леђа

cepillo para espalda

сапун

jabón

гел за туширање

gel de ducha

шампон

shampoo

крпа за прање

toallita

одвод

desagüe

крема

crema

дезодоранс

desodorante

огледало

espejo

козметичко огледало

espejito

бријач

maquinita de afeitar

пена за бријање

espuma de afeitar

лосион за после бријања

aftershave

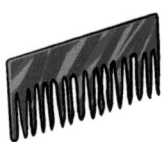

чешаљ

peine

четка

cepillo

фен за косу

secador de pelo

спреј за косу

spray

шминка

maquillaje

руж за усне

lápiz de labios

лак за нокте

esmalte para uñas

вата

algodón

маказе за нокте

tijera para uñas

парфем

perfume

козметичка торбица

portacosméticos

столица

banqueta

вага

balanza

огртач

bata

рукавице за чишћење

guantes de goma

тампон

tampón

уложак

toallita femenina

хемијски тоалет

baño químico

дечија соба

cuarto de los chicos

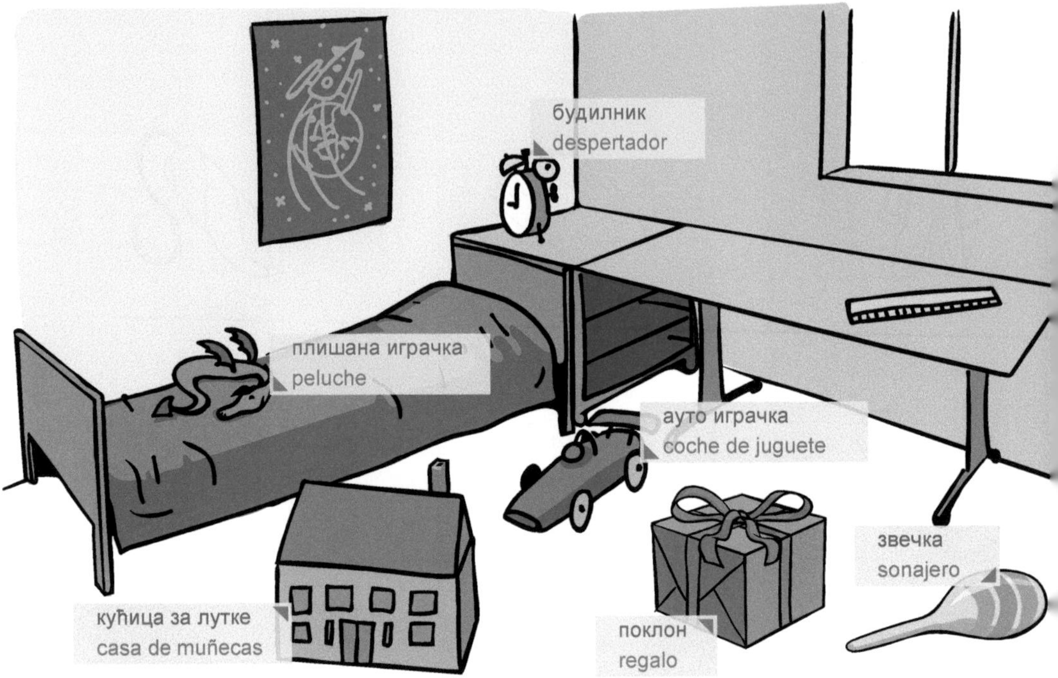
будилник
despertador
плишана играчка
peluche
ауто играчка
coche de juguete
звечка
sonajero
кућица за лутке
casa de muñecas
поклон
regalo

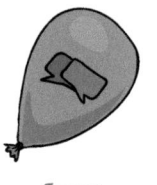

балон

globo

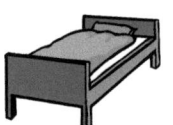

кревет

cama

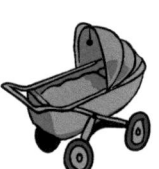

дјечија колица

cochecito

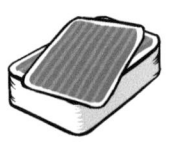

игра са картама

cartas

слагалица

rompecabezas

SUPER
MEGA

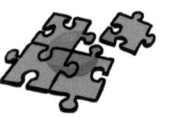

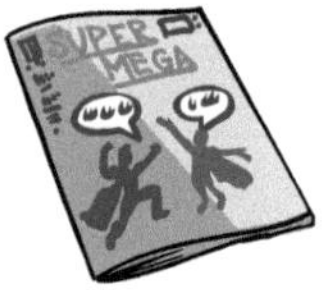

стрип

historieta

лего коцкице

piezas de lego

коцкице за слагање

ladrillos de juguete

акциони јунак

figura de acción

бенкица за бебе

enterito (de bebé)

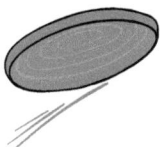

фризби

frisbee

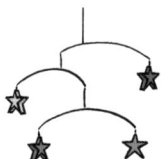

висеће играчке

móvil para bebés

друштвене игре

juego de mesa

коцка

dados

минијатурна жељезница

tren eléctrico

дуда

chupete

забава

fiesta

сликовница

libro de cuentos ilustrado

лопта

pelota

лутка

muñeca

играти

jugar

пешчаник

arenero

љуљачка

hamaca

играчка

juguetes

конзола за игре

consola de videojuegos

трицикл

triciclo

теди

osito de peluche

ормар

armario

одећа

ropa

кратке чарапе

medias

чарапе

medias panty

хулахопке

calzas

шал
bufanda

кишобран
paraguas

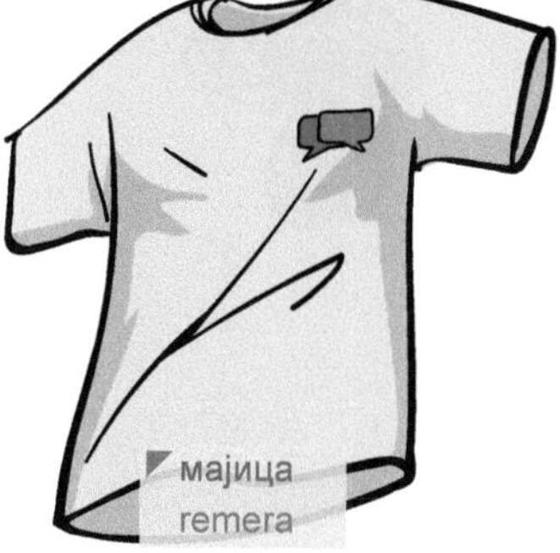

мајица
remera

каиш
cinturón

чизме
botas

папуче
pantuflas

патике
zapatillas

сандале
....
sandalias

ципеле
....
zapatos

гумене чизме
....
botas de goma

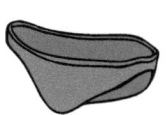

гаћице
....
ropa interior

грудњак
....
corpiño

поткошуља
....
chaleco

боди

body

панталоне

pantalones

фармерке

jeans

сукња

pollera

блуза

blusa

кошуља

camisa

џемпер

pulóver

џемпер с капуљачом

buzo

сако

blazer

јакна

campera

мантил

tapado

кабаница

piloto

костим

traje

хаљина

vestido

венчаница

vestido de novia

одело

traje

спаваћица

camisón

пиџама

pijama

сари

sari

марама за главу

pañuelo para cabeza

турбан

turbante

бурка

burka

кафтан

caftán

абаја

abaya

купаћи костим

traje de baño

купаће гаћице

short de baño

кратке панталоне

shorts

одећа за тренинг

jogging

кецеља

delantal

рукавице

guantes

дугме

botón

наочаре

anteojos

наруквица

pulsera

огрлица

collar

прстен

anillo

наушница

aro

капа

gorra

вешалица

percha

шешир

sombrero

кравата

corbata

патент затварач

cierre

кацига

casco

нараменице

tiradores

школска униформа

uniforme escolar

униформа

uniforme

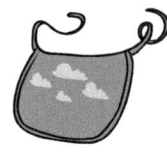

подбрадак

babero

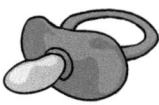

дуда

chupete

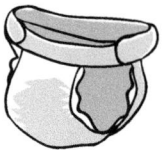

пелена

pañal

канцеларија
oficina

сервер
servidor
ормар за списе
archivero
папир
papel
штампач
impresora
монитор
monitor
писаћи стол
escritorio
миш
mouse
мапа
carpeta
тастатура
teclado
кошара за папир
tacho (de basura)
компјутер
computadora
столица
silla

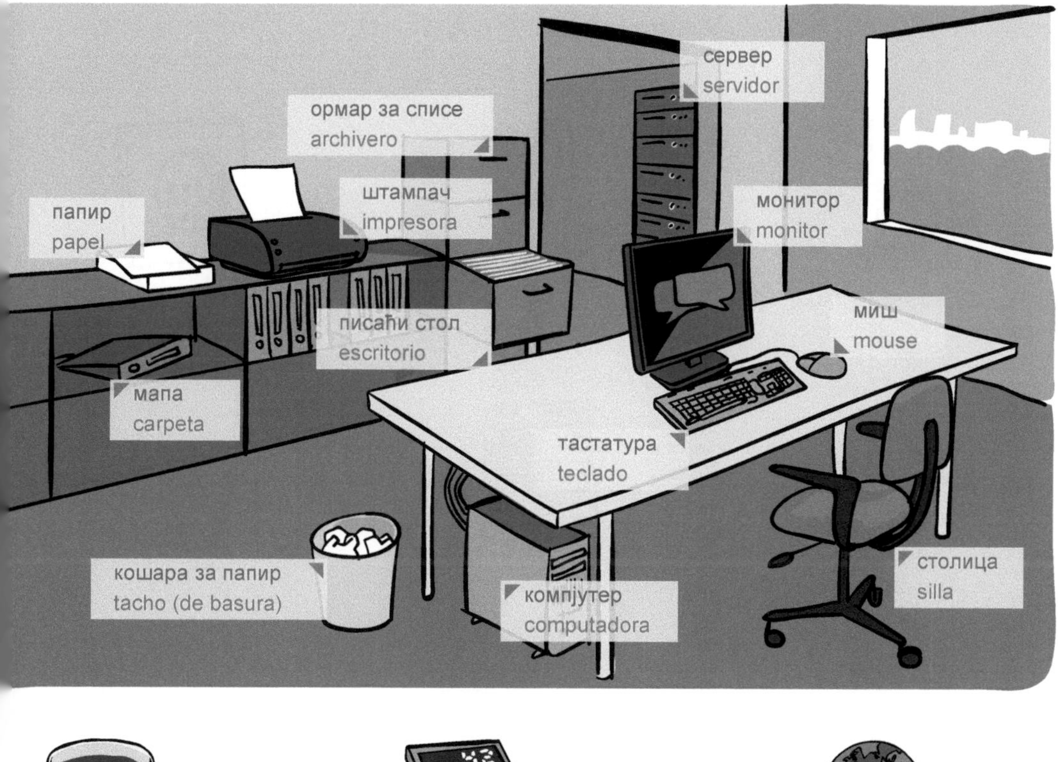

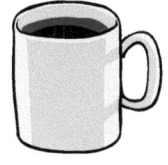

шалица за каву

taza de café

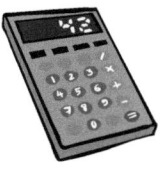

калкулатор

calculadora

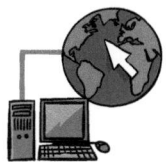

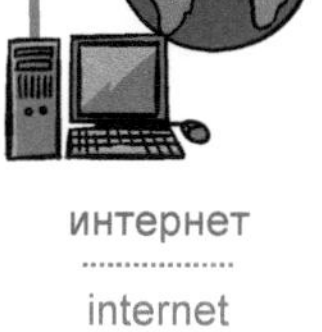

интернет

internet

лаптоп
laptop

писмо
carta

порука
mensaje

мобилни телефон
celular

мрежа
red

уређај за копирање
fotocopiadora

софтвер
software

телефон
teléfono

утичница
tomacorriente

факс
fax

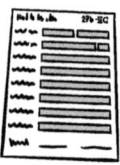

формулар
formulario

документ
documento

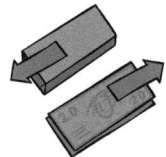

куповати

comprar

платити

pagar

трговати

hacer negocios

новац

dinero

долар

dólar

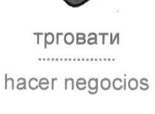

евро

euro

јен

yen

рубља

rublo

швајцарски франак

franco suizo

ренминдби јуан

yuan

рупија

rupia

аутомат за новац

cajero automático

мењачница

casa de cambio

злато

oro

сребро

plata

нафта

petróleo

енергија

energía

цена

precio

уговор

contrato

порез

impuesto

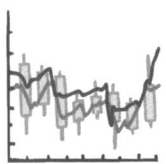

деонице

acción

радити

trabajar

службеник

empleado

послодавац

empleador

фабрика

fábrica

продавница

negocio

занимања
ocupaciones

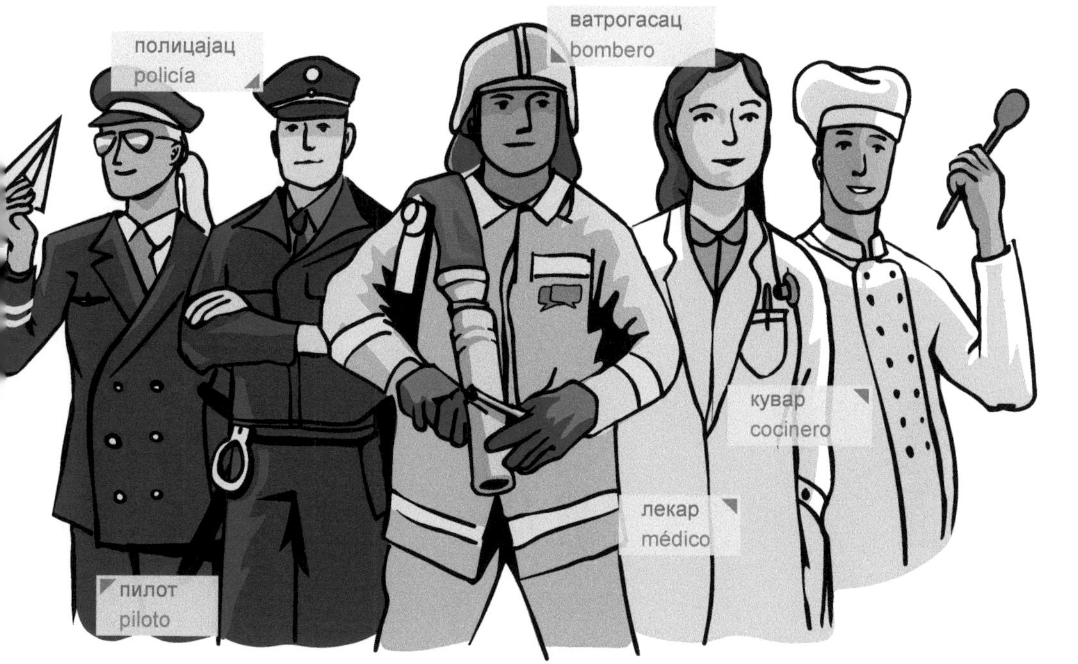
полицајац
policía
ватрогасац
bombero
кувар
cocinero
лекар
médico
пилот
piloto

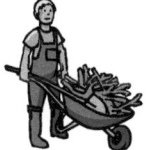

вртлар

jardinero

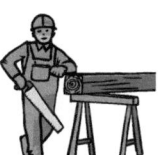

столар

carpintero

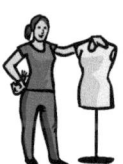

кројачица

modista

судија

juez

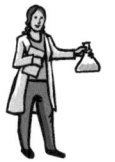

хемичар

farmacéutico

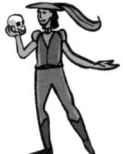

глумац

actor

возач аутобуса

colectivero

возач таксија

taxista

рибар

pescador

чистачица

mucama

кровопокривач

techista

конобар

mozo

ловац

cazador

сликар

pintor

пекар

panadero

електричар

electricista

грађевински радник

albañil

инжењер

ingeniero

месар

carnicero

лимар

plomero

поштар

cartero

војник

soldado

архитекта

arquitecto

благајник

cajero

цвећар

florista

фризер

peluquero

кондуктер

cobrador

механичар

mecánico

капетан

capitán

зубар

dentista

научник

científico

раби

rabino

имам

imán

монах

monje

свећеник

sacerdote

алати

herramientas

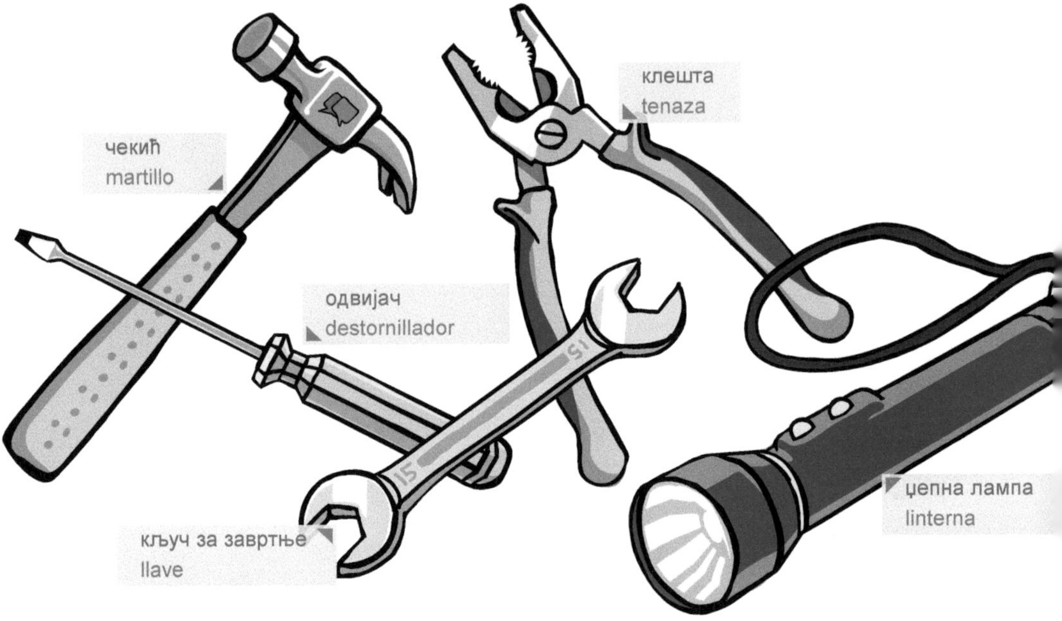

клешта
tenaza
чекић
martillo
одвијач
destornillador
кључ за завртње
llave
џепна лампа
linterna

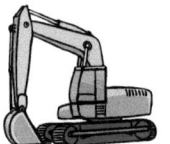

багер

excavadora

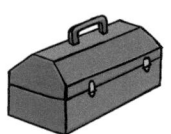

кутија за алат

caja de herramientas

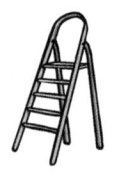

мердевине

escalera portátil

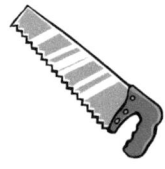

пила

sierra

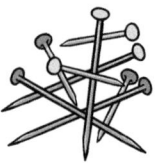

ексер

clavos

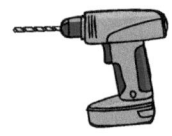

бушилица

taladro

поправити

arreglar

лопата

pala de jardín

до ђавола!

¡Qué bronca!

лопатица

pala de plástico

лонац за боју

tacho de pintura

завртањи

tornillos

музички инструмент
instrumentos musicales

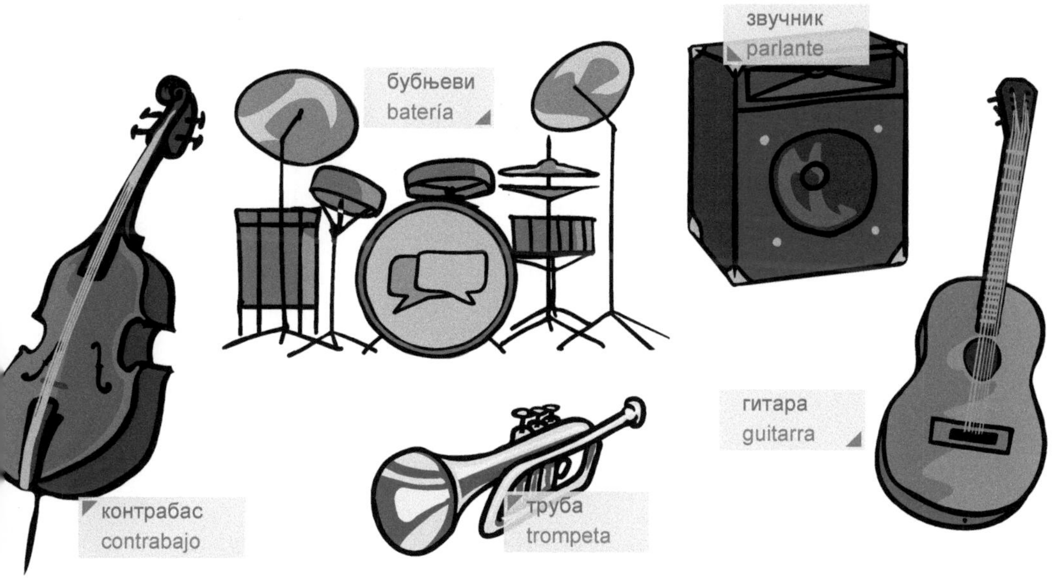

звучник
parlante

бубњеви
batería

гитара
guitarra

контрабас
contrabajo

труба
trompeta

клавир

piano

виолина

violín

бас

bajo

тимпани

timbales

удараљке за бубњеве

tambor

типке клавира

teclado

саксофон

saxofón

флаута

flauta

микрофон

micrófono

тигар
tigre

улаз
entrada

кавез
jaula

зебра
cebra

храна за животиње
alimento para animales

панда
oso panda

животиње

animales

слон

elefante

кенгур

canguro

носорог

rinoceronte

горила

gorila

медвед

oso

камила

camello

нoj

avestruz

лав

león

мajmyн

mono

фламинго

flamenco

папагаj

loro

поларни медвед

oso polar

пингвин

pingüino

аjкула

tiburón

паун

pavo real

змиja

serpiente

крокодил

cocodrilo

чувар у зоолошком врту

cuidador del zoológico

туљан

foca

jaгyap

jaguar

пони

poni

леопард

leopardo

нилски коњ

hipopótamo

жирафа

jirafa

орао

águila

дивља свиња

jabalí

риба

pescado

корњача

tortuga

морж

morsa

лисица

zorro

газела

gacela

амерички ногомет
fútbol americano

бициклизам
ciclismo

тенис
tenis

кошарка
básquet

пливање
natación

бокс
boxeo

хокеј на леду
hockey sobre hielo

фудбал
fútbol

бадминтон
bádminton

атлетика
atletismo

рукомет
handball

скијање
esquí

поло
polo

активности
actividades

смејати се
reír
скочити
saltar
загрлити
abrazar
ићи
caminar
певати
cantar
сањати
soñar
молити се
rezar
пољубити
besar

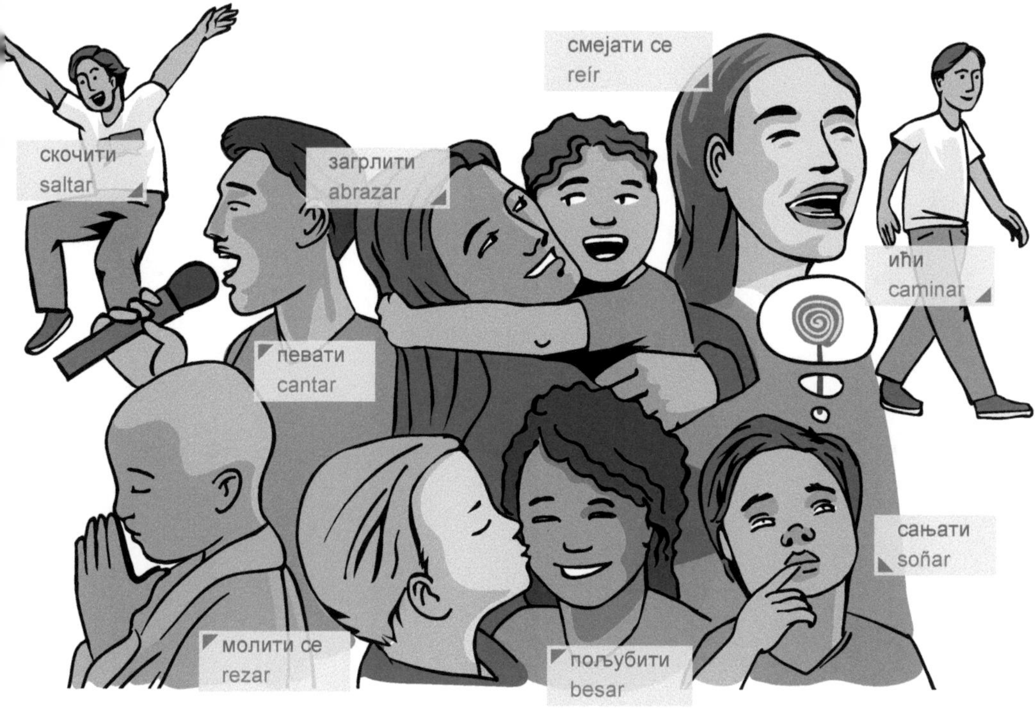

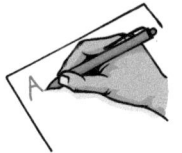

писати
escribir

цртати
dibujar

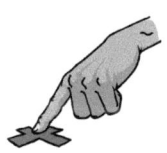

показати
mostrar

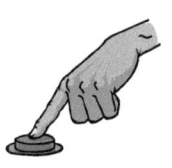

гурати
presionar

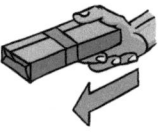

дати
dar

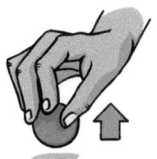

узети
tomar

имати

tener

чинити

hacer

бити

ser

стојати

estar parado

трчати

correr

повлачити

tirar

бацити

tirar

падати

caer

лежати

estar acostado

чекати

esperar

носити

llevar

седити

estar sentado

облачити

vestirse

спавати

dormir

пробудити се

despertar

гледати
....
mirar

плакати
....
llorar

миловати
....
acariciar

чешљати
....
peinar

говорити
....
hablar

разумети
....
entender

питати
....
preguntar

слушати
....
escuchar

пити
....
beber

јести
....
comer

поспремити
....
ordenar

волети
....
amar

кухати
....
cocinar

возити
....
manejar

летети
....
volar

пловити

navegar

рачунати

calcular

читати

leer

учити

aprender

радити

trabajar

венчати се

casarse

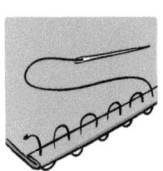

шити

coser

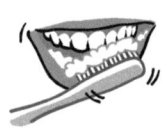

прати зубе

cepillarse los dientes

убити

matar

пушити

fumar

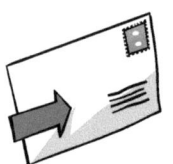

послати

enviar

породица

familia

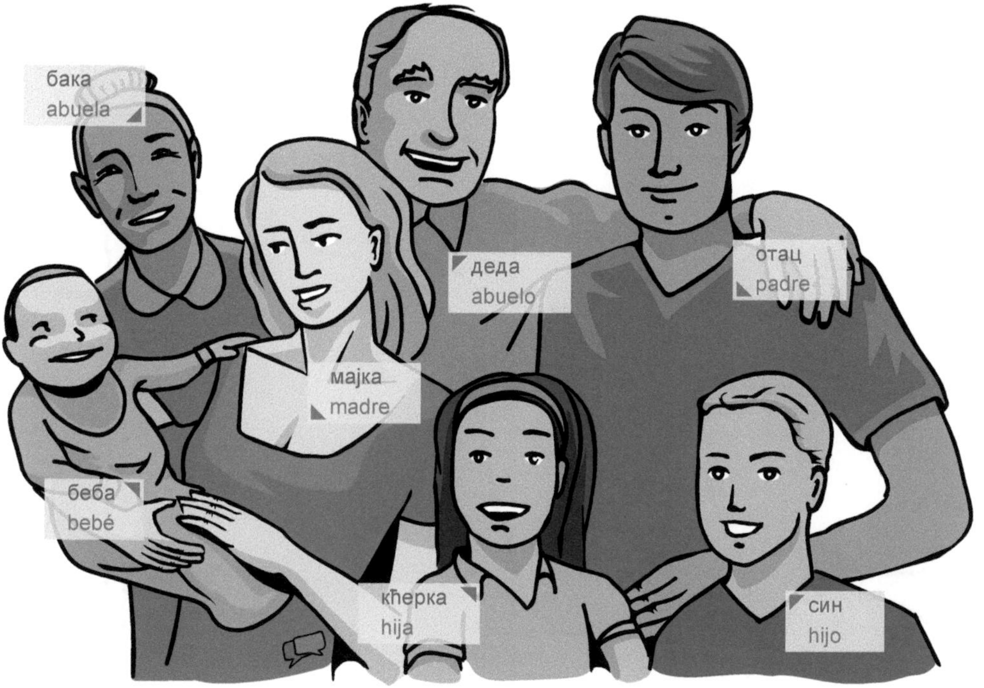
бака
abuela
деда
abuelo
отац
padre
мајка
madre
беба
bebé
кћерка
hija
син
hijo

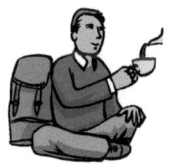

гост
invitado

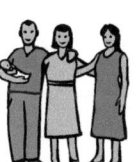

тетка
tía

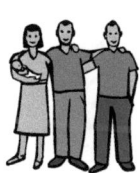

ујак, стриц
tío

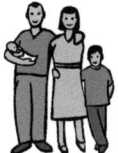

брат
hermano

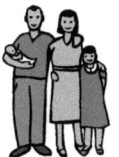

сестра
hermana

тело

cuerpo

чело
frente
око
ojo
раме
hombro
прст
dedo
лице
cara
брада
pera
рука
mano
нога
pierna
груди
pecho
рука
brazo

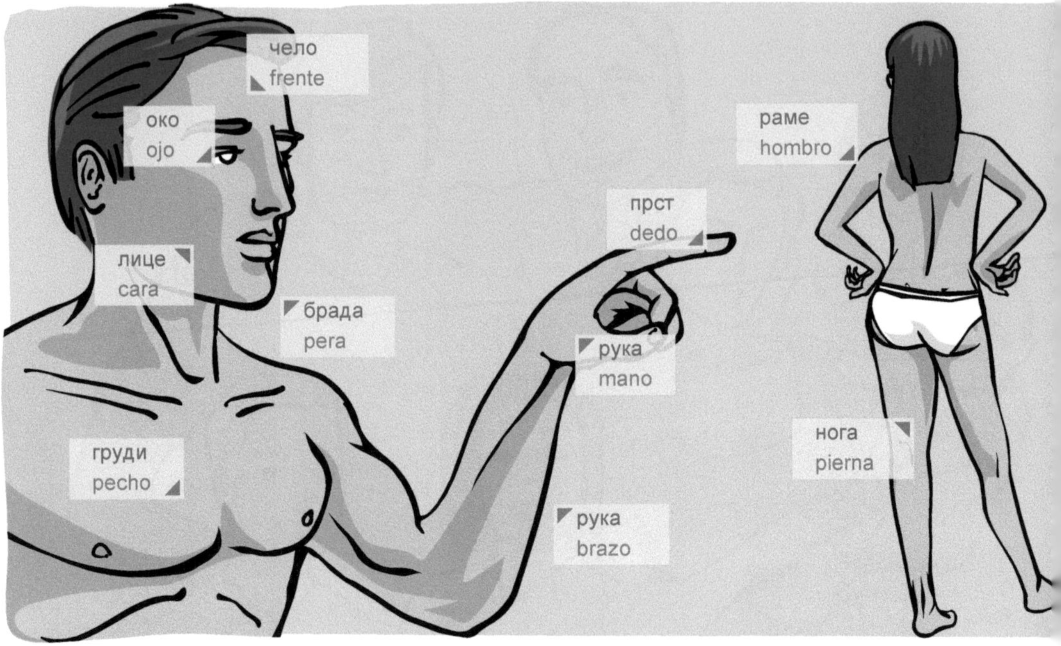

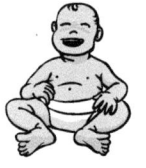

беба

bebé

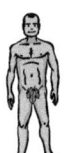

мушкарац

hombre

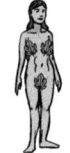

жена

mujer

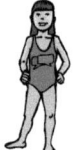

девојчица

nena

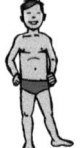

дечак

nene

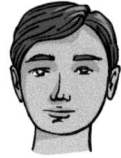

глава

cabeza

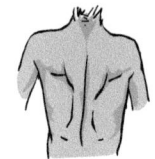

лећа

espalda

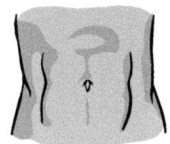

стомак

panza

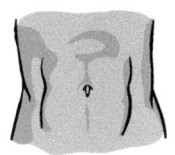

пупак

ombligo

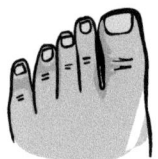

ножни прст

dedo del pie

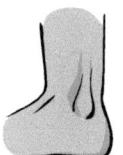

пета

talón

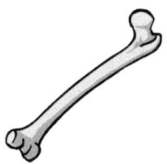

кост

hueso

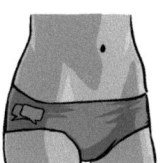

кукови

cadera

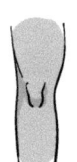

колено

rodilla

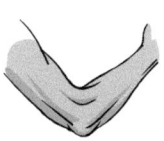

лакат

codo

нос

nariz

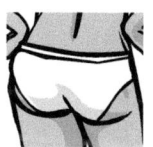

задњица

cola

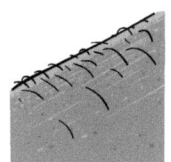

кожа

piel

образ

cachete

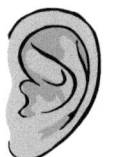

уво

oreja

усна

labio

тело - cuerpo

уста

boca

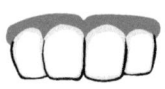

зуб

diente

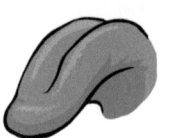

језик

lengua

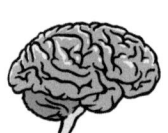

мозак

cerebro

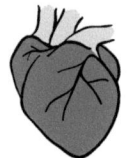

срце

corazón

мишић

músculo

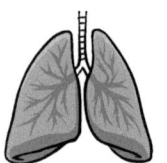

плућа

pulmón

јетра

hígado

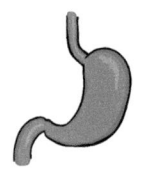

желудац

estómago

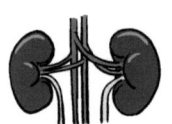

бубрези

riñones

полни однос

sexo

кондом

preservativo

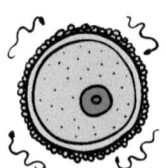

јајна ћелија

óvulo

сперма

semen

трудноћа

embarazo

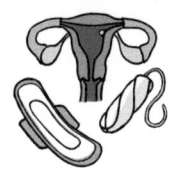

менструација
....
menstruación

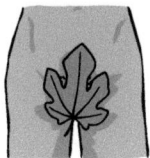

вагина
....
vagina

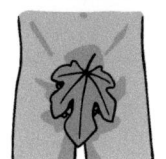

пенис
....
pene

обрва
....
ceja

коса
....
pelo

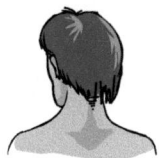

врат
....
cuello

болница
hospital

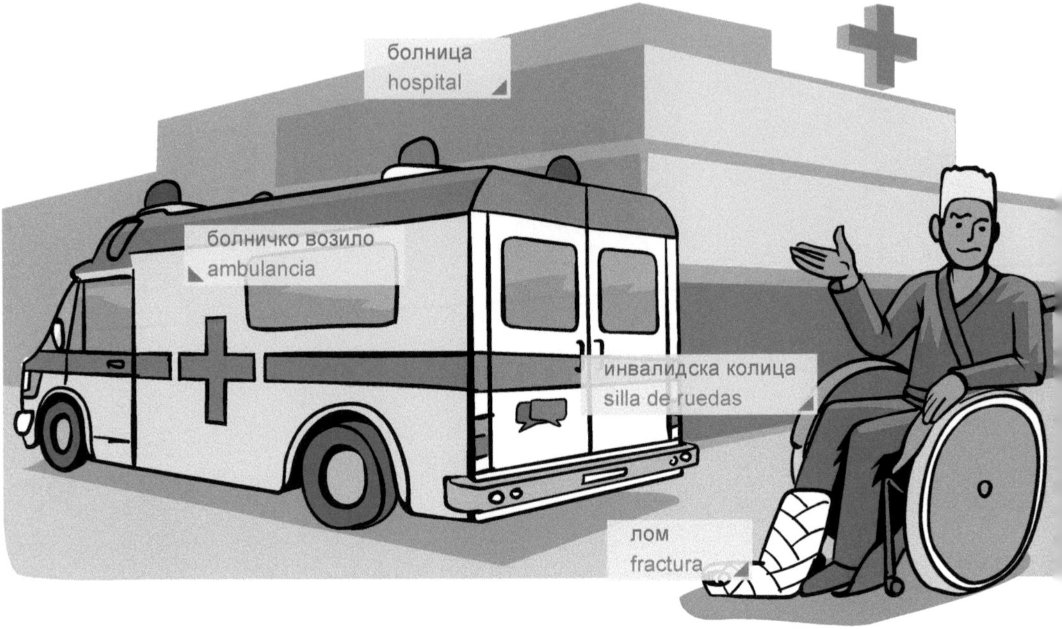

болница
hospital
болничко возило
ambulancia
инвалидска колица
silla de ruedas
лом
fractura

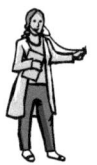

лекар

médico

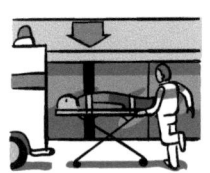

хитна медицинска служба

sala de guardia

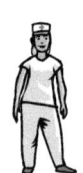

медицинска сестра

enfermera

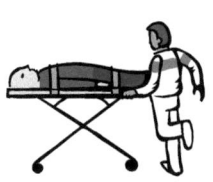

хитни случај

emergencia

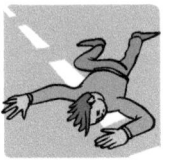

несвест

inconsciente

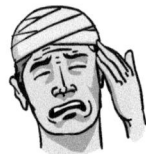

бол

dolor

повреда

lesión

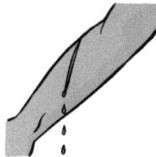

крварење

hemorragia

срчани удар

infarto

удар

ACV

алергија

alergia

кашаљ

tos

грозница

fiebre

грипа

gripe

пролив

diarrea

главобоља

dolor de cabeza

рак

cáncer

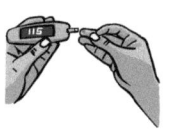

дијабетес

diabetes

хирург

cirujano

скалпел

bisturí

операција

operación

болница - hospital

цт
TC

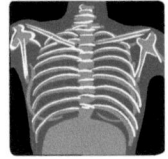

рентген
rayos x

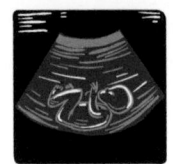

ултразвук
ecografía

маска
barbijo

болест
enfermedad

чекаона
sala de espera

штака
muleta

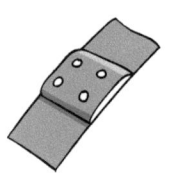

фластер
curita

завој
venda

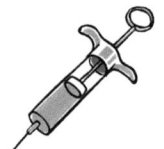

ињекција
inyección

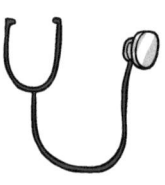

стетоскоп
estetoscopio

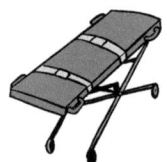

носила
camilla

термометар
termómetro

рођење
nacimiento

прекомерна тежина
sobrepeso

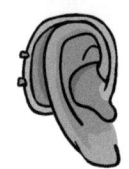

слушни апарат

audífono

средство за дезинфекцију

desinfectante

инфекција

infección

вирус

virus

хив / аидс

VIH / SIDA

медицина

remedio

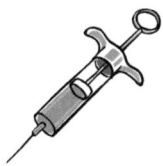

вакцинација

vacunación

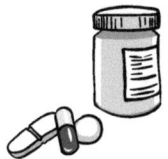

таблете

comprimidos

пилула

pastilla anticonceptiva

хитни позив

llamada de emergencia

уређај за мерење притиска

tensiómetro

болесно / здраво

enfermo / sano

помоћ!

¡Ayuda!

аларм

alarma

насртај

agresión

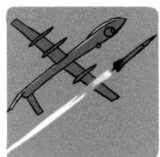

напад

ataque

опасност

peligro

излаз у случају нужде

salida de emergencia

пожар!

¡Fuego!

противпожарни апарат

matafuego

незгода

accidente

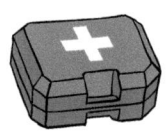

кутија прве помоћи

botiquín de primeros auxilios

сос

SOS

полиција

policía

Европа

Europa

Северна Америка

América del Norte

Јужна Америка

América del Sur

Африка

África

Азија

Asia

Аустралија

Australia

Атлантик

Atlántico

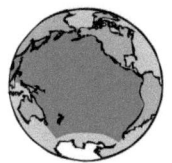

Пацифик

Pacífico

Индијски океан

Océano Índico

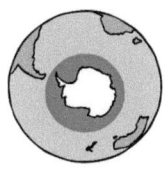

Антарктички океан

Océano Antártico

Арктички океан

Océano Ártico

Северни рол

polo norte

Јужни рол

polo sur

Антарктик

Antártida

земља

Tierra

земља

tierra

море

mar

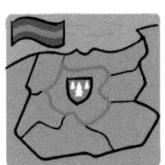

оток

isla

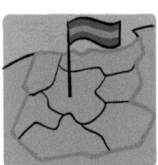

нација

nación

држава

estado

бројчаник сата

esfera

сатна казаљка

manecilla de las horas

минутна казаљка

minutero

секундна казаљка

segundero

Колико је сати?

¿Qué hora es?

дан

día

време

hora

сада

ahora

дигитални сат

reloj digital

минута

minuto

час

hora

седмица

semana

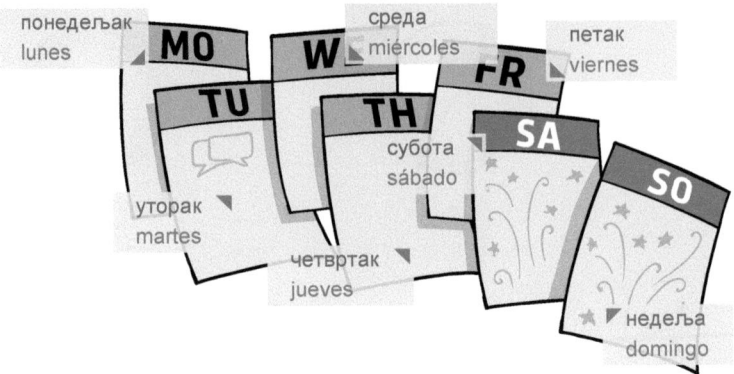

понедељак / lunes — MO
уторак / martes — TU
среда / miércoles — W
четвртак / jueves — TH
петак / viernes — FR
субота / sábado — SA
недеља / domingo — SO

јуче
ayer

данас
hoy

сутра
mañana

јутро
mañana

подне
mediodía

вече
tarde

радни дани
días hábiles

викенд
fin de semana

година

año

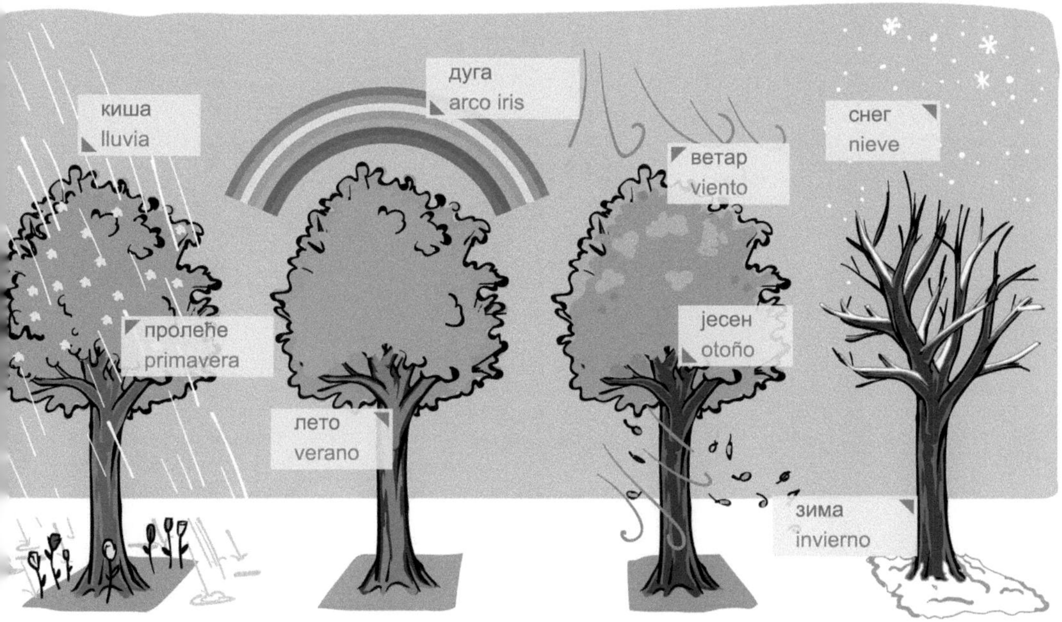

киша
lluvia
дуга
arco iris
снег
nieve
ветар
viento
пролеће
primavera
јесен
otoño
лето
verano
зима
invierno

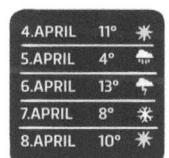

4.APRIL 11°
5.APRIL 4°
6.APRIL 13°
7.APRIL 8°
8.APRIL 10°

етеоролошка прогноза

ronóstico meteorológico

F C
120 40
90 30
60 20
30 10
0 0
-30 -10
-20

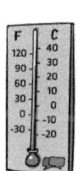

термометар

termómetro

сунчана светлост

luz del sol

облак

nube

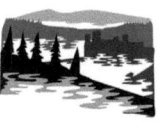

магла

niebla

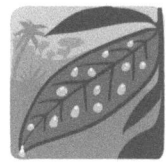

влажност ваздуха

humedad

муња

rayo

грмљавина

trueno

олуја

tormenta

туча

granizo

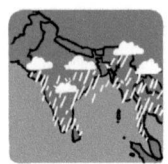

монсун

monzón

поплава

inundación

лед

hielo

јануар

enero

фебруар

febrero

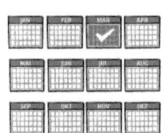

март

marzo

април

abril

мај

mayo

јуни

junio

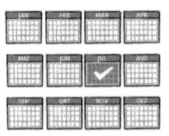

јули

julio

август

agosto

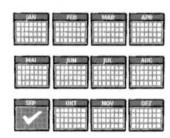

септембар
....
septiembre

октобар
....
octubre

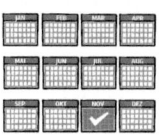

новембар
....
noviembre

децембар
....
diciembre

облици

formas

круг
....
círculo

квадрат
....
cuadrado

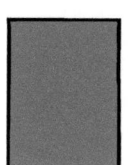

правоугао
....
rectángulo

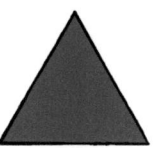

троугао
....
triángulo

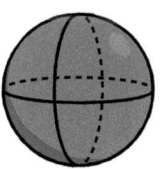

кугла
....
esfera

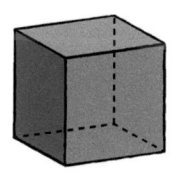

коцка
....
cubo

бела

blanco

жута

amarillo

наранџаста

naranja

ружичаста

rosa

црвена

rojo

љубичаста

violeta

плава

azul

зелена

verde

смеђа

marrón

сива

gris

црна

negro

много / мало

mucho / poco

љутито / мирно

enojado / tranquilo

лепо / ружно

lindo / feo

почетак / крај

principio / fin

велико / малено

grande / chico

светло / тамно

claro / oscuro

брат / сестра

hermano / hermana

чисто / прљаво

limpio / sucio

потпуно / непотпуно

completo / incompleto

дан / ноћ

día / noche

мртво / живо

muerto / vivo

широко / уско

ancho / angosto

јестиво / нејестиво

comestible / no comestible

зло / добро

malo / amable

узбуђено / досадно

entusiasmado / aburrido

дебело / мршаво

gordo / flaco

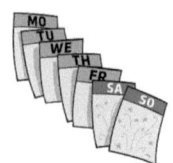

на почетку / на крају

primero / último

пријатељ / непријатељ

amigo / enemigo

пуно / празно

lleno / vacío

тврдо / мекано

duro / blando

тешко / лагано

pesado / liviano

глад / жеђ

hambre / sed

болесно / здраво

enfermo / sano

илегално / легално

ilegal / legal

паметно / глупо

inteligente / estúpido

лево / десно

izquierda / derecha

близу / далеко

cerca / lejos

ново / половно

nuevo / usado

ништа / нешто

nada / algo

старо / младо

viejo / joven

укључено / искључено

encendido / apagado

отворено / затворено

abierto / cerrado

тихо / гласно

silencioso / ruidoso

богато / сиромашно

rico / pobre

тачно / погрешно

correcto / incorrecto

храпаво / глатко

áspero / suave

тужно / сретно

triste / contento

кратко / дуго

corto / largo

полако / брзо

lento / rápido

мокро / сухо

mojado / seco

топло / хладно

caliente / frío

рат / мир

guerra / paz

бројеви

números

0

нула

cero

1

један

uno

2

два

dos

3

три

tres

4

четири

cuatro

5

пет

cinco

6

шест

seis

7

седам

siete

8

осам

ocho

9

девет

nueve

10

десет

diez

11

једанаест

once

12

дванаест

doce

13

тринаест

trece

14

четрнаест

catorce

15

петнаест

quince

16

шестнаест

dieciséis

17

седамнаест

diecisiete

18

осамнаест

dieciocho

19

деветнаест

diecinueve

20

двадесет

veinte

100

стотину

cien

1.000

хиљаду

mil

1.000.000

милион

millón

енглески

inglés

амерички енглески

inglés americano

мандарински кинески

chino mandarín

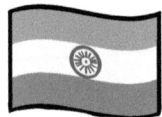

хиндски

hindi

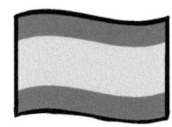

шпански

español

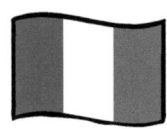

француски

francés

арапски

árabe

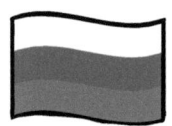

руски

ruso

португалски

portugués

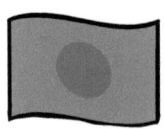

бенгалски

bengalí

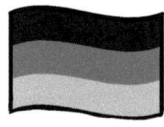

немачки

alemán

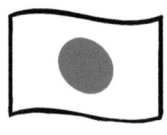

јапански

japonés

ja

yo

ти

vos

он / она / оно

él / ella

ми

nosotros

ви

ustedes

они

ellos

Ко?

¿quién?

Шта?

¿qué?

Како?

¿cómo?

Где?

¿dónde?

Када?

¿cuándo?

име

nombre

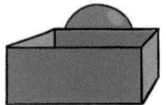

иза

detrás

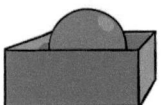

у

en

испред

adelante de

преко

por encima de

на

sobre

испод

debajo de

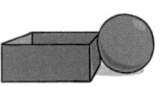

поред

al lado de

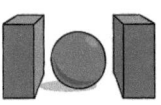

између

entre

место

lugar